ISBNインプリント 978-1-990332-83-8

.

夏海と葉月のために

ハロウィーンの準備を しよう!

友人たちに会えてうれしい。

トリック・オア・トリートに行くんだから！

あと、何をすると思う？

ジャンプ ジャンプ ジャンプ

そしてブーと言ってください!

これは私の愛犬サマンサ…。

ハロウィンの仮装も好き。

そしてこれが親友のジェイソン……。

何をすべきかを正確に
知っているのです。

ジャンプ ジャンプ ジャンプ

そしてブーと言ってください！

友人のレイチェルです...

彼女はあなたのために微
笑みます。

隣の家に行く前に...

ジャンプ ジャンプ ジャンプ

そしてブーと言ってください!

忘れてはならないの
は……。

ありがとうと言うために！

これは...

次の家に入る前に...

ジャンプ ジャンプ ジャンプ

そしてブーと言ってください!

お願い、甘いものは食べ
ないで…。

親がいいと言うまで。

美味しそうに見えて
も・・・。

お腹が痛くなることもあ
ります。

トリック・オア・トリート
がもっと楽しくなること間
違いなし
きっと楽しい...

そしてその瞬間が...

ジャンプ ジャンプ ジャンプ

そしてブーと言ってください!

もう遅いし
家に帰る時間

でも、まだ
遅すぎる...

ジャンプ ジャンプ ジャンプ

¡そしてブーと言ってください!

もう1回！

ジャンプ ジャンプ ジャンプ

そしてブーと言ってください!

私たちはハロウィーンが大好きです！

英語でジャンプシリーズ

カリブーのようにジャンプ
カンガルーのようにジャンプ
動物園のようにジャンプ
ジャンプしてP.U.と言いましょう
Jump and say it's Valentine's Day!
お子様にも。
ジャンプしてヒントを探しましょう!
ジャンプしてハッピーバースデー
青いものにジャンプ
ジャンプしてハッピーイースター
ジャンプしてCock-A-Doodle-Do!
ジャンプしてDa-Do-Do-Do!
飛び上がって「誰?
飛び上がって、オカメインコのように叫びましょう。
ジャンプして、「あなたですか、それとも羊ですか?

上がってきて、私のシチューに
"Iwww "が入っていると言ってく
ださい!
飛び上がってメリークリスマス
飛び上がってハッピーニューイ
ヤー
Jump up and say there's a moo
in a tutu!
飛び上がって、There's a rabbit
in my hair!
飛び上がって、My aunt ate an
ant!
飛び上がって、遊園地にアリク
イがいると言いましょう

シリーズに拍手
1に拍手!

2を聞かせてください!
3を聞かせてください
4のために聞きましょう
5に拍手を
6に拍手を
7に拍手を
8に拍手を
9におまかせ
10拍手!

その他の絵本
こんにちはを言ったねこ
つの岩
ビリー・シェイクスピア
ビリー・シェイクスピア
シンメトリーを学ぶía

学校やチームの保護者ボランティアのための募金活動アイデア103件